Sénèque

W0199915

Consolation à Marcia

Consolation

ISBN : 978-1548115302

10 9 8 7 6 5 4 3 2 1

Sénèque

Consolation à Marcia

Consolation

Table de Matières

manque d'audace, de courage, de fermeté

Consolation à Marcia

I. Si je ne vous savais, Marcia, aussi éloignée de la pusillanimité de votre sexe, que de tout autre défaut, si l'on n'admirait votre caractère comme un modèle des mœurs antiques, je n'oserais m'opposer à une douleur comme la vôtre, quand je vois des hommes même s'attacher à la leur et la couver avec amour ; je ne me serais pas flatté dans un moment si défavorable, près d'un juge si prévenu, sur un grief si révoltant, de réussir à vous faire absoudre la fortune. J'ai été rassuré par votre vigueur d'âme bien connue et par la grande épreuve où est fait voir votre courage. On n'ignore pas quel fut votre dévouement à la personne d'un père, pour lequel votre tendresse fit les mêmes vœux que pour vos enfants, sauf de le voir vous survivre, et ce vœu même, peut-être l'avez-vous formé. Car une grande affection se permet sur quelques points de contredire la commune raison. Quand votre père, A. Cremutius Cordus, voulut mourir, vous combattîtes de toutes vos forces son projet. Dès qu'il vous eut prouvé que c'était l'unique moyen d'échapper aux satellites de Séjan et à la servitude, sans approuver sa détermination, vous y prêtâtes une adhésion forcée et vos larmes coulèrent ; en public, il est vrai, vous étouffâtes vos gémissements, mais ce ne fut pas sous un front joyeux, et cela dans un siècle où un grand effort de piété filiale était de ne pas se montrer dénaturé.[1]

Mais à la première occasion, et sitôt que les temps changèrent, le génie de votre père, vainqueur des flammes qu'il[2] avait subies, fut par vous rendu au public ; vous l'avez vraiment racheté du trépas, en réintégrant dans les bibliothèques publiques les livres que cet homme de cœur avait écrits de son sang. Que ne vous doivent pas les lettres latines? Un de leurs plus beaux monuments était en cendres. Que ne vous doit pas la postérité? L'histoire lui parviendra pure de mensonge : œuvre qui coûta cher à son auteur. Que ne vous doit-il pas lui-même? Sa mémoire vit et vivra tant qu'on mettra du prix à connaître les annales romaines, tant qu'il se trouvera un seul homme curieux de remonter aux faits de nos ancêtres, curieux de savoir ce qu'est un vrai Romain, et quand déjà se courbaient toutes les têtes attelées au joug de Séjan, ce que fut un mortel indomptable, un caractère, un esprit, une plume indépendante. Quelle immense perte pour la république, si ce génie qu'avaient condamné à l'oubli ses deux plus beaux mérites, l'éloquence et la liberté, n'en eût été exhumé par vous! On le lit, on l'admire; il est dans nos mains et dans nos cœurs; il ne craint plus l'outrage des temps ; et de ses bourreaux, tout jusqu'à leurs crimes, qui seuls leur ont valu un nom, mourra bientôt dans le silence.

Témoin de votre force d'âme, je ne vois plus quel est votre sexe, je ne vois plus ce front qu'obscurcit depuis tant d'années l'immuable empreinte d'une première tristesse. Et remarquez combien peu je cherche à vous surprendre, à tendre aucun piège à votre cœur. Je vous rappelle vos malheurs d'autrefois ; or voulez-vous savoir si cette nouvelle plaie se peut guérir? L'ancienne n'était pas moindre, et je vous la montre cicatrisée. A d'autres les molles complaisances et les ménagements : moi j'ai résolu d'attaquer de front vos chagrins; vos yeux sont fatigués, épuisés par les larmes que fait couler l'habitude, excusez ma franchise, plutôt encore que le regret : j'arrêterai ces larmes, vous-même, s'il est possible, aidant à votre guérison, sinon, malgré vous-même, dussiez-vous retenir et embrasser une douleur qui vous tient lieu de ce fils auquel vous l'avez fait survivre.[3] Car enfin quel en sera le terme? On a tout essayé en vain, on a épuisé les représentations de vos amis, l'ascendant d'hommes distingués, tous de votre famille ; les belles-lettres, cet héréditaire et paternel apanage, ne sont plus qu'une consolation vaine qui vous distrait à peine un moment et que votre oreille laisse passer sans l'entendre. Le temps lui-même, remède naturel et tombeau des plus grandes afflictions, a pour vous seule perdu son efficacité. Trois ans déjà se sont écoulés, et votre deuil n'a rien diminué de sa première véhémence : il se renouvelle et s'affermit chaque jour; il s'est fait un titre de sa durée; il est venu au point de croire qu'il y aurait honte à cesser.

De même que tous les vices s'enracinent plus profondément, si on ne les étouffe en leur germe ; ainsi ces affections tristes et malheureuses, victimes d'elles-mêmes, finissent par se repaître de leur propre amertume; et l'infortune puis dans son chagrin une jouissance contre nature.[4] J'aurais donc souhaité dès le principe venir à votre aide : un moindre remède eût suffi pour dompter le mal naissant; invétéré, il faut des moyens plus énergiques pour le combattre. Même les plaies du corps se guérissent sans peine, quand le sang a fraîchement coulé : alors on emploie le feu, on sonde bien avant ; elles souffrent le doigt qui les interroge ; mais une fois corrompues, envieillies, dégénérées en ulcères funestes, la cure est plus difficile. Il n'est ménagement ni palliatif qui puisse désormais réduire une douleur aussi rebelle que la vôtre : le fer doit la trancher.

II. Je sais que toute consolation commence par des préceptes pour finir par des exemples. Il est bon parfois de changer cette méthode : on ne doit pas traiter de même tous les esprits Les uns cèdent à la raison; aux autres il faut opposer de grands noms, une autorité qui ne leur laisse plus l'esprit libre, qui les éblouisse et leur impose. Pour vous, je mettrai sous vos yeux deux illustres exemples de votre sexe et de votre époque, une femme qui s'est livrée à. tout l'entraînement de sa douleur, une autre qui, frappée par un semblable coup, mais perdant davantage, ne laissa pas toutefois au malheur un long pouvoir sur son âme et sut bien vite la rétablir dans son assiette. Octavie et Livie, l'une sœur, l'autre épouse d'Auguste, avaient toutes deux vu périr un fils à la fleur de l'âge et toutes deux l'espoir légitime qu'il régnerait un jour. Octavie avait perdu Marcellus, gendre et neveu d'un prince qui déjà se reposait sur lui, qui l'allait charger du fardeau de l'empire. Jeune, actif d'esprit, d'un talent plein de vigueur; et puis d'une tempérance, d'une retenue de mœurs qui à son âge, qui dans son rang méritaient plus qu'une médiocre admiration; patient dans les travaux, ennemi des voluptés, quelque tâche que lui imposât son oncle, quoi qu'il voulût pour ainsi dire édifier sur Marcellus, Marcellus eût pu y suffire. C'était un digne choix, une base que rien n'eût fait céder.[5]B Tant que sa mère lui survécut, elle ne cessa de pleurer et de gémir, elle ne souffrit aucune parole qui eût pour but de la soulager, ni rien qui pût seulement la distraire. Tout entière à son deuil, absorbée par cette seule pensée, elle fut le reste de sa vie ce qu'on l'avait vue au convoi de son fils, non qu'elle n'osât se relever de son abattement; mais repoussant ce qui l'y eût aidée, elle croyait perdre deux fois son fils si elle renonçait à ses larmes. Elle ne voulut avoir aucun portrait de cet être tant chéri, ni qu'on parlât jamais de lui devant elle. Elle avait pris en aversion toutes les mères et détestait surtout Livie, dont le fils semblait avoir hérité du bonheur promis au sien. N'aimant que les ténèbres et la solitude, dédaignant jusqu'à son frère, elle refusa les vers faits pour célébrer la mémoire de Marcellus et tout ce que les beaux-arts lui prodiguaient d'hommages ; elle ferma son oreille à toute consolation; elle se tint en dehors des devoirs les plus ordinaires de la vie; même la haute fortune de son frère et les trop vifs rayons de sa grandeur la blessaient : elle se fit comme un tombeau de sa retraite. Entourée de ses autres enfants et de ses petits-fils, elle ne déposa plus l'habit de deuil, à la grande mortification de tous les siens, du vivant desquels il lui semblait avoir tout perdu.

III. Livie s'était vu ravir son fils Drusus, qui eût été un grand prince, qui était déjà un grand capitaine. Il avait pénétré jusqu'au fond de la Germanie, et planté les aigles romaines en des lieux où l'on savait à. peine qu'il fût des Romains. Il était mort vainqueur en pleine expédition; et les ennemis même l'avaient respecté malade, avaient signé une trêve en son honneur et n'osaient souhaiter un accident pour eux si prospère. A la gloire de cette mort, reçue pour la république, se joignaient les regrets immenses des citoyens, des provinces, de l'Italie entière à travers laquelle, escortées des municipes et des colonies accourues à la cérémonie lugubre, ses funérailles furent menées triomphalement jusque dans Rome.[6] La mère n'avait pu recevoir du fils l'adieu suprême et la douceur du dernier baiser. Après avoir, durant une longue route, suivi ces dépouilles si chères et vu brûler dans toute l'Italie tant de bûchers, qui, à chaque pas, semblaient renouveler sa perte et irritaient sa blessure, Livie, dès qu'elle eut porté Drusus dans la tombe, y déposa son chagrin avec lui : son affliction fut mesurée et non moins digne de l'épouse de César que légitime pour une mère.[7] Aussi ne cessa-t-elle de célébrer le nom de son fils, de multiplier partout son image en public, en particulier, de parler et d'entendre avec charme parler de lui, tandis qu'on ne pouvait rappeler et honorer le souvenir de Marcellus sans se faire un ennemi de sa mère.

Choisissez de ces deux exemples lequel vous paraît le plus louable. Suivre le premier, ce serait vous retrancher du nombre des vivants, prendre en aversion les enfants d'autrui, les vôtres, celui même que vous pleurez; être pour les mères une rencontre de sinistre augure, rejeter tout plaisir honnête et licite comme messéant à votre infortune, haïr la lumière, maudire votre âge qui ne vous plonge pas assez vite au tombeau, et, faiblesse des plus indignes qui répugne trop à vos sentiments connus par de plus nobles traits, ce serait faire voir que vous ne voulez plus vivre et que vous n'osez mourir.

Mais si vous prenez pour modèle la courageuse Livie, vous serez dans le malheur plus retenue, plus résignée, et ne vous consumerez pas de mille tourments. Quelle folie en effet[8] de se punir de ses misères, de les aggraver par un mal nouveau? Cette sévérité de mœurs, cette réserve qui fut la règle de toute votre vie, vous y serez fidèle encore aujourd'hui ; car la douleur aussi a sa modestie.[9]B Pour assurer à votre fils un digne et plein repos, ne cessez de répéter son nom, de penser à lui : vous le placerez dans une sphère meilleure si son image, comme autrefois sa personne, se présente à sa mère sous les traits du bonheur et de la sérénité.

IV. Je ne vous mènerai pas à cette rigide école qui veut qu'on s'arme, dans des malheurs humains, d'une dureté inhumaine, et qu'une mère ait les yeux secs le jour même des funérailles d'un fils.[10] Prenons tous deux le bon sens pour arbitre et posons-nous cette question : « Que faut-il que soit la douleur? ou grande ou éternelle? » Ici, je n'en doute pas, L'exemple de Livie que vous avez vue de près et vénérée, sera-référé par vous. Elle vous appelle à ses conseils : dans la première ferveur de son deuil, quand l'affliction est le plus impatiente et rebelle, Livie s'abandonna aux consolations d'Aréus, le philosophe de son mari,[11] et confessa que cet homme avait beaucoup fait pour elle, plus que le peuple romain qu'elle ne voulait pas attrister de sa tristesse, plus qu'Auguste, qui chancelait privé de son second appui,[12] et n'avait pas besoin que le deuil des siens vint l'accabler ; plus enfin que Tibère son fils, dont la tendresse lui fit éprouver, après cette perte prématurée et tant regrettée des peuples, que c'était le nombre plutôt que l'amour de ses enfants qui lui manquait. J'imagine que, près d'une femme si jalouse de maintenir sa renommée, Aréus dut entrer en matière et débuter de la sorte:

« Jusqu'à ce jour, Livie (autant du moins que je puis le savoir, moi, l'assidu compagnon de votre époux, initié par lui non seulement aux faits qu'on laisse connaître au public mais aux plus secrets mouvements de vos âmes), vous avez pris garde de ne pas offrir en vous la moindre prise à la censure. Sur les plus grandes choses, et même sur les plus petites, vous vous êtes observée de manière à jamais n'avoir besoin de l'indulgence de la renommée, ce juge indépendant des princes. Et je ne sache rien de plus glorieux au rang suprême que d'accorder des milliers de grâces, et de n'en demander aucune. Suivez donc ici encore votre belle coutume ; ne hasardez rien dont vous puissiez dire : « Que ne l'ai-je pas fait, ou que ne l'ai-je fait autrement? »

V. « Je vous prie aussi, je vous conjure même de ne pas vous montrer difficile et intraitable à vos amis. Vous ne pouvez ignorer, en effet, qu'ils ne savent maintenant comment se comporter devant vous, s'ils parleront quelquefois de Drusus, ou s'ils garderont le silence : ils ont peur que se taire sur cet illustre nom ne soit lui faire injure, ou que le prononcer ne vous blesse. Loin de vous, dans nos réunions, ses actions et ses discours sont exaltés, célébrés comme ils le méritent : devant vous toutes les bouches sont muettes sur lui. Vous êtes donc privée de la plus vive satisfaction, d'assister à l'éloge d'un fils pour la gloire duquel, j'en suis sûr, vous sacrifieriez vos jours, s'il était possible à ce prix de la rendre éternelle. Souffrez donc, provoquez même des entretiens dont il soit l'objet; prêtez avec intérêt l'oreille à ce nom et à cette mémoire ; n'y voyez pas un sujet de déplaisir, comme le font tant d'autres qui, frappes comme vous, prennent pour un surcroît de malheur de s'entendre consoler. Appuyée tout entière sur le point sensible de vos souffrances, et oubliant les douceurs qu'elles vous laissent, vous n'envisagez votre sort que par son côté le plus triste. Au lieu de vous retracer ce qu'était votre fils, la douceur de son commerce, le charme de sa présence, les délicieuses caresses de son enfance, l'éclat de ses premiers progrès, vous ne vous attachez qu'à la dernière scène de sa vie. Comme s'il n'était pas en soi assez lugubre, votre imagination s'épuise à noircir encore le tableau.

« Fuyez, de grâce, l'ambition dépravée de paraître la plus malheureuse des femmes. Songez-y bien encore : la grandeur ne consiste pas à montrer du courage quand tout nous seconde, quand la vie marche d'un cours prospère ; et ce n'est point sur une mer paisible et par un vent propice que l'art du pilote se déploie : il faut quelque choc subit de l'adversité pour éprouver l'âme. O Livie! n'allez point fléchir ; armez-vous au contraire d'une contenance ferme! Si pesants que soient les maux tombés sur vous, supportez-les, et que le premier bruit vous ait seul effrayée. Rien ne charge de plus d'odieux la Fortune que l'égalité d'âme. »

Ensuite il lui montra qu'un fils lui restait, que de celui qu'elle avait perdu il lui restait des petits-fils.

VI. Marcia, la cause de Livie est la vôtre ; c'est vous qu'Aréus assistait dans la personne de Livie, c'est vous qu'il consolait. Mais supposons, Marcia, que le sort vous ait ravi plus que ne perdit jamais aucune mère ; et je n'atténue point sous des mots radoucis la grandeur de votre infortune ; si les pleurs désarment le sort, pleurons ensemble ; que tous nos jours s'écoulent dans le deuil; que nos nuits sans sommeil, se consument au sein de la tristesse; que nos mains frappent, déchirent notre poitrine et s'attaquent même à notre visage; exerçons sur nous toutes les rigueurs d'une salutaire affliction.[13] Mais si nuls sanglots ne rappellent à la vie ce qui n'est plus ; si le destin est immuable, à jamais fixe dans ses lois que les plus touchantes misères ne sauraient changer ; si enfin la mort ne lâche point sa proie, cessons une douleur qui serait sans fruit. Soyons donc maîtres et non pas jouets de sa violence. Le pilote est déshonoré, si les flots lui arrachent le gouvernail, s'il abandonne les voiles que se disputent les vents et livre à l'ouragan le navire ; mais au sein même du naufrage, admirons celui que la mer engloutit ferme à son timon et luttant jusqu'au bout.

VII. « Mais il est naturel de regretter les siens. » Qui le nie, tant que les regrets sont modérés? L'absence, et à plus forte raison la mort de qui nous est cher, est nécessairement douloureuse et serré le cœur des plus résolus. Mais le préjugé nous entraîne plus loin que ne commande la nature.

Voyez comme chez la brute les regrets sont véhéments, et, pourtant combien ils passent vite. La vache ne fait entendre ses mugissements qu'un ou deux jours; la cavale ne continue pas plus longtemps ses courses vagues et insensées. Quand la bête féroce a bien couru sur la trace de ses petits et rôdé par toute la forêt, après qu'elle est mainte fois revenue au gîte pillé par le chasseur, sa douleur furieuse est prompte à s'éteindre. L'oiseau qui voltige avec des cris si aigus autour de son nid dépeuplé, en un moment redevient calme et reprend son vol ordinaire. Il n'est point d'animaux qui regrettent longtemps leurs petits : l'homme seul attise sa douleur et s'afflige, non en raison de ce qu'il éprouve, mais selon qu'il a pris parti de s'affliger. Ce qui prouve qu'il n'est pas naturel de succomber à ces deuils, à ces déchirements, c'est qu'ils sont plus douloureux à la femme qu'à l'homme, plus aux barbares qu'aux peuples de mœurs douces et civilisées, plus aux ignorants qu'aux esprits éclairés. Or ce qui tient sa force de la nature reste identique dans tous les êtres.

Evidemment donc ce qui est si variable n'est point naturel. Le feu brûlera qui que ce soit, à tout âge et en tout pays, les hommes comme les femmes ; le fer manifestera sur tout corps vivant sa propriété de trancher : pourquoi? parce qu'il l'a reçue de la nature, qui ne fait acception de personne. La pauvreté, le chagrin, l'ambition affectent diversement les hommes, plus ou moins imbus qu'ils sont du préjugé; et la faiblesse, l'impatience nous viennent d'avoir, à l'avance, cru terrible ce qui ne l'est point.

VIII. De plus, ce qui est naturel ne diminue point par la durée: le temps use la douleur; c'est en vain qu'elle se roidit, de jour en jour plus opiniâtre et que tout remède l'effarouche, celui qui sait si bien apprivoiser les plus intraitables instincts, le temps l'émoussera. Il vous reste encore, ô Marcia, un chagrin profond qui semble même endurci dans votre âme ; il n'a plus cette vivacité des premiers transports, il est tenace et obstiné ; tel qu'il est néanmoins, le temps vous le dérobera pièce à pièce. Chaque fois que d'autres soins vous occuperont, il perdra de son intensité. Jusqu'ici vous veillez à le maintenir : or, la différence est grande entre se permettre la douleur et se l'imposer. Combien il est plus convenable à la noblesse de vos sentiments de mettre fin à votre deuil, que d'attendre qu'il veuille cesser! Ne différez pas jusqu'au jour où il vous quittera malgré vous : quittez-le la première.[14]

IX. « D'où vient donc cette persévérance à gémir sur nous-mêmes, si la nature n'en fait pas une loi? » C'est qu'on ne voit jamais les maux possibles avant qu'ils n'arrivent ; comme si, privilégié contre eux, on avait pris une voie plus assurée que la foule ; les disgrâces d'autrui ne nous rappellent point qu'elles sont communes à tous.[15] Tant de funérailles passent devant nos demeures, et nous ne pensons pas à la mort! Nous voyons tant de trépas prématurés ; et sur le berceau de nos fils nous rêvons toges viriles, emplois militaires, paternel héritage où ils nous succéderont! La subite pauvreté de tant de riches frappe nos regards ; et il ne nous vient jamais à l'esprit que nos richesses aussi sont sur le penchant d'un abîme! On évite moins la chute dès qu'on est heurté comme à l'improviste : les attaques prévues de loin arrivent amorties. Sachez que vous êtes là, debout, exposée à toutes les atteintes, et que les traits qui percèrent les autres ont sifflé à vos oreilles. Figurez-vous une muraille, une redoute couronnée d'ennemis et rude à gravir, où vous monteriez sans défense : attendez-vous à des blessures, et comptez que de cette hauteur flèches et javelots, volant pêle-mêle avec les pierres sont dirigés sur votre personne. En les voyant tomber à vos côtés ou derrière vous dites d'une voix ferme : « Tu ne m'abuseras pas, ô Fortune! ni trop de sécurité ni négligence ne m'auront perdue, si tu m'écrases. Je sais ce que tu me prépares : tu en as frappé un autre, c'est moi que tu visais. »

Qui jamais considère ses biens en homme fait pour mourir? Qui ose un moment songer a l'exil, à l'indigence, à la mort de ce qui lui est cher? Qui de nous, averti d'y songer, ne repousse point cela comme un augure sinistre qu'il voudrait détourner sur la tête de ses ennemis ou du donneur d'avis intempestif? « Je ne croyais pas l'événement possible! » Dois-tu rien croire impossible de ce que tu sais pouvoir arriver à tant de mortels, de ce que tu vois arrivé à tant d'autres? Écoute une belle sentence, qui méritait de ne pas se perdre dans les facéties de Publius :

Le trait qui m'a frappé peut frapper tous les hommes

Celui-ci a perdu ses enfants : ne peux-tu pas perdre les tiens? Celui-là s'est vu condamner : ton innocence est sous le coup du même glaive. Voici l'erreur qui nous aveugle et nous ôte notre vigueur d'hommes : nous souffrons ce que nous ne pensions jamais devoir souffrir. C'est désarmer les maux présents que d'avoir prévu qu'ils viendraient.

X. Tout ce qui nous environne d'un éclat fortuit, postérité, honneurs, richesses, vastes portiques, vestibules encombrés de clients qu'on n'a pu admettre, une épouse illustre, d'un sang noble, d'une beauté parfaite, tout ce qui en un mot relève de l'incertaine et mobile fortune n'est qu'un appareil étranger qu'on nous prête, mais dont rien n'est donné en propre : la scène est ornée de décorations d'emprunt qui doivent retourner à leurs maîtres. Les unes seront remportées aujourd'hui, les autres demain ; peu resteront jusqu'au dénouement. L'homme n'a donc pas droit d'être fier, de se croire au milieu de ses biens; on n'a fait que lui livrer à bail ; l'usufruit seul est à lui, c'est au propriétaire à fixer la durée de la concession.[16] Notre devoir à nous, est de tenir toujours disponible ce qui nous fut commis pour un temps indéterminé, et de tout rendre sans murmure à la première sommation. Il n'est qu'un méchant débiteur qui cherche chicane à son créancier. Tous nos proches, suivant ce principe, tant ceux que l'ordre de la nature nous fait souhaiter de laisser après nous, que ceux dont le vœu légitime est de nous précéder dans la tombe, doivent nous être chers à ce titre, que rien ne nous promet que nous les posséderons toujours, ni même que nous les posséderons longtemps. Habituez votre tendresse à voir en eux des êtres qui vous échapperont, qui déjà vous échappent ; regardez tout présent du sort comme chose réservée par le maître.[17] Saisissez au passage la douceur d'être père ; faites goûter à vos enfants celle de vous posséder : pressez-vous de jouir pleinement les uns des autres. Rien ne vous assure du jour présent; un jour! trop long délai, de l'heure où je parle. Hâtez-vous : la fatalité vous talonne ; tous vos entours vont être dispersés ; la tente où vous dormez va se replier au cri d'alerte. Tout se doit ravir à la course. Malheureux, vous ne savez pas vivre en fugitifs.

Si vous pleurez la mort de votre fils, accusez l'heure de sa naissance : dès sa naissance l'arrêt de mort lui fut signifié. Il vous fut donné à cette condition : c'est la destinée qui dès le sein maternel ne cessait de le suivre. Nous venons au monde sujets de la fortune, reine cruelle et inexorable, pour subir à sa discrétion le juste aussi bien que l'injuste. Nos corps sont livrés sans réserve à sa tyrannie, à ses outrages, à toutes ses rigueurs : elle condamnera ceux-ci au feu, soit comme supplice, soit comme remède ; ceux-là aux chaînes de l'ennemi ou de leurs concitoyens ; les uns nus et roulant de vague en vague sur le mobile Océan, après une longue lutte n'échoueront pas même sur un banc de sable ou sur la plage : quelque monstre énorme les engloutira ; d'autres, consumés par divers genres de maladies, seront tenus longtemps suspendus entre la vie et Je trépas. Changeante et capricieuse maîtresse, qui n'a de ses esclaves nul souci, la fortune sèmera en aveugle et châtiments et récompenses. Pourquoi gémir sur les détails de la vie? c'est la vie entière qu'il faut déplorer. De nouvelles disgrâces fondront sur vous avant que vous n'ayez satisfait aux anciennes. Modérez donc vos pleurs, vous surtout qui êtes d'un sexe impatient dans l'affliction : trop de sujets de crainte et de souffrance réclament leur part de votre sensibilité.

XI. Quel est donc cet oubli de votre sort et du sort de tous? Née mortelle, vous avez donné le jour à des mortels : vous, matière corruptible et qui passe, harcelée sans cesse d'accidents et de maladies, comptiez-vous que de si fragiles éléments eussent engendré la force et l'immutabilité? Votre fils n'est plus, c'est-à-dire, il a couru au terme où se hâte d'arriver ce que vous jugez si heureux de lui survivre, où tous ces plaideurs du Forum, ces oisifs des théâtres, ces suppliants de nos temples s'acheminent à pas inégaux. Et les objets de vos vénérations et ceux de vos mépris ne seront qu'une même cendre. Sur le fronton du temple où la Pythie rend ses oracles, il est écrit : *Connais-toi toi-même.* Qu'est-ce que l'homme? Un je ne sais quel vase fêlé, que peut briser[18] la moindre secousse ; il ne faut pas une grande tempête pour te mettre en pièces : le premier choc va te dissoudre.[19] Qu'est-ce que l'homme? Corps débile et frêle, nu, sans défense naturelle, incapable de se passer du secours d'autrui, en butte à tous les outrages du sort; qui, après avoir glorieusement exercé ses muscles, est la pâture de la première bête féroce, la victime du moindre ennemi; pétri de faiblesse et d'infirmité, s'il brille par ses traits extérieurs ; le froid, la chaleur, la fatigue, il ne supporte rien ; l'inertie, d'autre part, et l'oisiveté hâtent sa destruction ; il craint ses aliments, dont le manque ou l'excès le tuent ; que de soucis, que d'angoisses pour conserver ce souffle précaire, qui tient à si peu, qu'une peur subite ou l'éclat trop fort d'un bruit imprévu lui ravissent! ce seul être toujours en quête, pour s'en nourrir, de substances malsaines, non créées pour lui,[20] on s'étonne qu'il meure! c'est l'affaire[21] d'un hoquet. Pour renverser l'homme, en effet, est-il besoin d'un grand effort? Une odeur, une saveur, la lassitude, les veilles, les humeurs, la table et tout ce sans quoi il ne peut vivre, lui est mortel. Chaque pas qu'il fait le rappelle au sentiment de sa fragilité ; tout climat ne lui est pas supportable ; le changement d'eau, une température qui ne lui est pas familière, la plus mince des causes, un rien le rend malade; chair vouée à la corruption, molle, inaugurant son entrée dans la vie par des pleurs,[22] que de révolutions, en passant, ce chétif animal n'excite-t-il pas? A quelles ambitieuses pensées ne le pousse pas l'oubli de sa condition? Il embrasse l'infini, l'éternité dans ses projets; il arrange l'avenir des fils de ses fils et de ses arrière-petits-fils, lorsqu'au milieu de ses vastes plans la mort vient qui le frappe, et ce qu'on appelle vieillesse n'est qu'une période de quelques années.

XII. Votre douleur, ô Marcia, si toutefois elle raisonne quelque peu, a-t-elle pour motif votre propre disgrâce, ou celle d'un fils qui n'est plus? Êtes-vous, dans cette perte, affligée de n'avoir pas du tout joui de son amour, ou de ce que vous pouviez, s'il avait plus longtemps vécu, en jouir davantage? Dans le premier cas, votre perte devient plus supportable : on regrette moins ce qui n'a donné ni joie, ni plaisir. Si vous confessez lui avoir dû de grandes jouissances, vous devez non pas vous plaindre qu'elles vous soient ravies, mais être reconnaissante de les avoir goûtées. Les fruits même de son éducation ont assez dignement couronné vos efforts. Si les gens qui nourrissent avec tant de soins de jeunes chiens, des oiseaux, ou tout autre animal dont s'engouent leurs frivoles esprits, ont un certain plaisir à les voir, à les toucher, si leurs muettes caresses les flattent; pour ceux qui élèvent leurs enfants, la récompense de l'éducation est dans l'éducation même. Quand ses travaux ne vous auraient de rien servi, son zèle rien conservé, ses talents rien acquis, l'avoir possédé, l'avoir aimé, n'est-ce rien pour vous? « Mais j'en pouvais jouir plus longtemps, plus pleinement! » Toujours fûtes-vous mieux traitée que si vous ne l'eussiez jamais eu. En effet, si l'on nous donnait le choix d'être heureux pour peu de temps, ou de ne pas l'être du tout, qui ne préférerait un bonheur passager à la privation totale de bonheur? Auriez-vous souhaité un être dégénéré qui n'eût à vos yeux que tenu la place et porté le nom de fils, au lieu de la noble créature qui vous dut le jour? Si jeune, et déjà tant de sagesse, tant d'amour filial, sitôt époux et sitôt père, sitôt fidèle à tous ses devoirs, sitôt revêtu du sacerdoce, tout pour ainsi dire avant l'heure, à la hâte.[23]

Jamais presque les grandes félicités ne sont en même temps durables ; elles ne se prolongent et ne nous accompagnent jusqu'au bout que si elles sont venues par degrés. Les dieux, ne voulant vous donner un fils que pour peu de temps, vous l'ont sur-le-champ donné tel que l'eussent formé de longues années. Vous ne pouvez pas même dire qu'ils vous aient frappée d'un fatal privilège en vous ravissant vos joies maternelles. Promenez vos regards sur la multitude des hommes illustres ou vulgaires, partout s'offriront à vous des malheurs plus grands que le vôtre. Ils ont atteint de grands capitaines; ils ont atteint des potentats ; la fable même n'en a pas affranchi ses divinités, afin sans doute que ce fût un allégement à nos douleurs de voir jusqu'au sang des dieux sujet à la mort. Encore une fois, jetez les yeux tout autour de vous: vous ne me citerez pas de famille si à plaindre qui ne trouve,[24] dans une plus malheureuse encore, de quoi se consoler. Non pas certes que je présume assez mal de vos sentiments, pour croire que vous porteriez plus légèrement l'infortune, si je produisais devant vous la foule immense de ceux qui pleurent : il est inhumain de se consoler par le grand nombre des misérables. Je rappellerai pourtant quelques exemples, non pour établir que le deuil est chose ordinaire à l'homme : il serait, ridicule de s'évertuer à prouver que nous sommes mortels ; mais pour vous faire voir combien d'hommes ont adouci les plus rudes coups en les souffrant avec calme. Commençons par le plus heureux. L. Sylla perdit son fils ; et cette perte n'arrêta ni le cours de ses guerres, ni son indomptable ardeur à frapper ennemis et concitoyens, et ne laissa pas supposer qu'il n'eût adopté que du vivant de son fils ce surnom d'*Heureux*, pris après sa mort. Il ne craignit ni la haine des hommes, sur les maux desquels se fondait son excessive prospérité, ni le courroux des dieux qu'accusait hautement le bonheur d'un Sylla.[25] Mais quand on rangerait parmi les problèmes le jugement à porter sur Sylla, ses ennemis même avoueront qu'il sut prendre à propos les armes et les déposer à propos; et le point que je traite sera démontré : ce n'est pas un extrême malheur que celui qui arrive aux plus heureux des hommes.

XIII. Que la Grèce n'accorde pas trop d'admiration à ce père qui, au milieu d'un sacrifice, apprenant que son fils était mort, se contenta de faire taire le joueur de flûte, d'ôter de son front la couronne, et continua jusqu'au bout là cérémonie. Ainsi a fait le pontife Pulvillus. Il présidait à la dédicace du Capitule ; il avait la main sur le jambage de la porte, quand il reçut une semblable nouvelle. Feignant da n'avoir pas entendu, il prononça les mots solennels de la formule pontificale, sans qu'un seul gémissement interrompît sa prière : on lui parlait de son fils mort, et il invoquait Jupiter propice. On pouvait prévoir le terme d'un deuil qui, au premier moment, dans son premier transport, n'avait pu arracher un père des autels de la patrie, d'une inauguration, d'une fête. Il était bien digne de faire cette mémorable dédicace et digne du suprême sacerdoce, celui qui ne cessait d'adorer les dieux, même en éprouvant leur courroux. Il fit plus ; et après que, rentré chez lui, il se fut abreuvé de ses larmes, qu'il eut ouvert passage à quelques sanglots, et accompli les devoirs d'usage envers les morts, son visage redevint le même qu'au Capitole.

Paul-Emile, vers le temps du glorieux triomphe où Persée, roi de si grand renom, fut conduit enchaîné devant son char, avait donné en adoption deux de ses fils et s'en était réservé deux qu'il vit mourir. Quels fils s'était-il réservés, quand l'un de ceux qu'il avait cédés était Scipion! Le peuple romain ne vit pas sans attendrissement le char du triomphateur vide de ses fils. Paul-Émile n'en harangua pas moins la foule, et il remercia les dieux de ce qu'ils avaient couronné ses vœux. Car il avait demandé au ciel que, si son éclatante victoire devait payer tribut à la fortune jalouse, ce fût aux dépens du général plutôt que de la république. Voyez son héroïque résignation! La perte de ses fils, il l'appelle une grâce. Et quel père pouvait être plus affecté d'une telle catastrophe? Ses consolateurs et ses appuis tout à la fois l'abandonnent: et néanmoins Persée n'a pas la joie de voir les pleurs de Paul-Émile.

XIV. Irai-je maintenant, parmi tant de grands hommes, vous promener sans fin d'exemple en exemple et vous chercher des malheureux, comme si les heureux n'étaient pas plus difficiles à trouver? Qu'il est peu de maisons qui jusqu'au bout se soient maintenues de toutes pièces, où le sort n'ait rien bouleversé! Prenez quelle année vous voudrez ; citez-en les consuls, M. Bibulus, par exemple, et J. César ; vous verrez deux collègues si fort opposés par la haine, appariés par le mal heur : M. Bibulus, homme plus honnête qu'énergique, eut deux fils tués à la fois, après qu'ils eurent servi de proie à la brutalité des hordes égyptiennes, pour qu'il n'eût pas moins à gémir sur la fin des victimes que sur l'infamie des bourreaux. Ce Bibulus pourtant qui,[26] toute l'année de son consulat, craignant son ombrageux collègue, s'était tenu caché dans sa maison, en sortit le lendemain du jour où lui fut annoncée cette double mort, et voulut remplir ses fonctions ordinaires d'homme public. Pouvait-il à deux fils donner moins d'un jour? En un jour ont cessé les larmes d'un père qui avait pleuré un an son consulat.

J. César parcourait la Bretagne, et l'Océan ne pouvait plus borner sa fortune, lorsqu'il apprit la mort de sa fille, qui emportait avec elle la paix du monde. Il voyait déjà que Pompée souffrirait avec peine dans la république un rival de sa grandeur, et voudrait mettre un terme à des succès qui lui pesaient alors même que leur intérêt commun y gagnait; et toutefois César, trois jours après, reprit les soins du commandement et vainquit sa douleur aussi vite que ses autres ennemis.

XV. Vous citerai-je d'autres morts dans la famille des Césars, que la Fortune me semble frapper si souvent, pour que leurs deuils même servent le genre humain, en lui montrant qu'eux aussi, réputes fils des dieux, qui doivent engendrer des dieux, ne sont pas maîtres de leur propre sort comme du sort d'autrui?

Le divin Auguste vit ses enfants, ses petits-enfants, toute la race impériale s'éteindre, et repeupla par l'adoption la solitude de son palais. Et pourtant il souffrit tous ces revers en homme intéressé déjà à ce que nul ne se plaignît des dieux.

La nature et l'adoption avaient donné deux fils à Tibère : il les perdit tous deux. Et lui-même fit à la tribune l'éloge du second ; et debout, en face du cadavre dont il n'était séparé que par un voile qui doit préserver les yeux d'un pontife de ce funèbre aspect, au milieu des pleurs de tout un peuple, il le détourna pas son visage; il apprit à Séjan, présent à ses côtés, avec quelle force d'âme Tibère pouvait perdre les siens.[27]

Voyez que de grands hommes n'a point respectés le sort devant qui tout succombe, bien qu'ils fussent ornés de tous les trésors de l'âme, de toute les grandeurs publiques ou privées. Ainsi la mort fait sa ronde dévastatrice et sans distinction moissonne et chasse tout devant elle comme sa proie. Demandez à chacun le compte de sa vie : nul n'a reçu impunément la lumière!

XVI. « Tu oublies, m'allez-vous dire, que c'est une femme que tu veux consoler : tu me cites des hommes pour exemple. » Eh! qui oserait dire que la nature, en créant la femme, l'ait datée d'une main avare, et qu'elle ait rétréci pour elle la sphère des vertus? Sa force morale, croyez-moi, vaut la nôtre; elle aussi peut, quand elle le veut, s'élever à tout ce qui honore l'homme : l'habitude lui fait supporter aussi bien que nous et le travail *et*, la douleur. Et dans quelle ville, bons dieux! pensé-je à réhabiliter les femmes? Dans une ville où la royauté, trop pesante pour des têtes romaines, fut renversée par Lucrèce et Brutus ; Brutus à qui nous devons la liberté, Lucrèce à qui nous devons Brutus; dans une ville, où Clélie, bravant le Tibre et l'ennemi, fut pour son insigne courage placée par nous presque au rang des héros! Du haut de son coursier d'airain, sur cette voie Sacrée où se presse la foule, elle fait rougir nos jeunes gens, portés sur leurs molles litières, de paraître en cet équipage aux lieux où les femmes même méritaient de nous la statue équestre.

Que si vous voulez des exemples de femmes courageuses dans le deuil, sans les chercher de porte en porte, dans une seule maison je vous monterai les deux Cornélies, la première, fille de Scipion, mère des Gracques. Elle mit au monde douze enfants et vit passer leurs douze funérailles; elle fit aisément preuve de force à la mort de ceux dont la naissance comme la fin ne furent.pas sensibles à la république; mais Tibérius et C. Gracchus qui, si on leur dénie le titre d'hommes vertueux, furent, on l'avouera, de grands hommes,[28] elle les vit massacrés et privés de sépulture. Eh bien, à ceux qui voulaient la consoler et la plaindre, elle répondait : « Jamais je ne cesserai de me dire heureuse, moi qui ai enfanté les Gracques. »

L'autre Cornélie, femme de Livius Drusus, avait perdu son fils, jeune homme de grand renom, d'un génie distingué, qui marchait sur les traces des Gracques, et qui, laissant en instance tant de lois proposées, fut tué au sein de ses pénates, sans qu'on sut par quelle main. Elle supporta toutefois cette mort précoce et impunie avec le même courage que son fils avait mis à proposer ses lois.

Vous serez bientôt réconciliée avec la fortune, Marcia, en voyant que les traits dont elle a frappé les Scipions, et les mères et les fils des Scipions, et jusqu'aux Césars, sont les mêmes dont elle ne vous a pas fait grâce. La vie est toute semée d'embûches et d'ennemis de tous genres : avec eux point de longue paix, je dirai presque point de trêve. Vous aviez élevé quatre enfants, Marcia : sur des rangs épais tout coup porte, dit le proverbe. Est-il étrange que tout ce nombre n'ait pu passer sans échec sous l'œil jaloux du destin? « Quelle injustice! dites-vous : il a fait plus que me ravir mes fils, il les a choisis. » Non, vous ne pouvez trouver injuste que le plus fort fasse au plus faible part égale : il vous laisse deux filles, et de ces filles deux petits-fils ; et ce fils même, que vous pleurez maintenant jusqu'à ne plus songer au premier, elle ne vous l'a pas enlevé tout entier ; il vous reste de lui deux filles, grande charge si vous faiblissez, grande consolation si vous reprenez courage. Le destin a voulu qu'en les voyant, vous vous rappeliez leur père,[29] et non votre douleur. L'agriculteur, quand ses arbres sont abattus, déracinés par les vents, ou que la trombe en tournoyant les a brisés d'un choc subit, soigne précieuse ment les rejets qui survivent, à la place du tronc qui n'est plus, il en répartit la semence et les plants nouveaux ; et en un moment (car le temps, si prompt à détruire, ne l'est pas moins à tout relever), ces jeunes sujets grandissent plus beaux que les premiers. Remplacez votre Métilius par ses filles et comblez ainsi le vide de votre maison. Que cette double consolation adoucisse le regret d'un seul.

Sans doute il est dans notre nature de ne trouver du charme qu'à ce que nous avons perdu ; le souvenir de ce qu'on n'a plus[30] rend injuste pour ce qui reste. Mais calculez combien le sort, même en vous maltraitant, vous a épargnée, vous verrez qu'il vous est laissé plus que des consolations. Regardez vos nombreux petits-fils, vos deux filles.

XVII. Dites encore, ô Marcia : « Je pourrais m'indigner, si nos destins étaient selon nos mérites, si le malheur ne poursuivait jamais les bons; mais je vois que, sans nulle différence, bons et méchants, tous sont jouets des mêmes orages. Il est cruel pourtant de perdre un jeune homme qu'on a élevé, qui déjà pour sa mère, pour son père, était un appui et une gloire. » Cela est cruel, qui le nie? mais cela est dans l'ordre des choses humaines. Vous êtes née pour perdre, pour périr, pour espérer, pour craindre, pour troubler le repos d'autrui et le vôtre, pour redouter et souhaiter la mort, et, chose pire, pour ne savoir jamais votre vraie position.

Si l'on disait à un homme prêt à partir pour Syracuse: « Connais d'avance tous les inconvénients comme tous les agréments du voyage que tu projettes, puis embarque-toi, si tu veux. Voici ce que tu pourras admirer. Tu découvriras d'abord cette île, séparée par un faible, détroit de l'Italie, dont il est constant qu'autrefois elle faisait partie; mais elle fut détachée du continent par une soudaine irruption de la mer, qui

Du flanc de l'Hespérie arracha la Sicile.[31]

Ensuite, car tu pourras fort bien raser *le gouffre insatiable*, tu verras la fameuse Charybde, sommeillant tant que l'Auster ne trouble point sa paix et, pour peu qu'il s'élève, engloutissant les navires dans ses béants et profonds abîmes. Tu verras cette fontaine tant célébrée par les poètes, cette Aréthuse, limpide et transparente jusqu'au fond de son canal, abondante en eaux d'une extrême fraîcheur, soit qu'elles aient là leur origine première, soit qu'elles traversent les mers par un lit souterrain pour reparaître sans avoir décru, et préservées du mélange de flots moins purs. Tu verras le port le plus tranquille de tous ceux qu'ait creusés la nature, ou seule ou secondée par l'art, pour abriter les flottes, et si sûr, que la furie des plus grandes tempêtes n'y a pas accès. Tu verras où la puissance d'Athènes s'est brisée, où, sous des roches creusées à une profondeur infinie, sept mille de ses fils eurent une carrière pour prison ; et cette ville immense dont les tours s'étendent plus loin que les frontières de maintes cités, et ces hivers si tièdes, et pas un seul jour sans soleil.

Mais, toutes ces choses bien appréciées, un été lourd et malsain compensera la douceur de l'hiver. Là tu trouveras Denys le tyran, bourreau de la liberté, de la justice, des lois ; avide du pouvoir même après les leçons de Platon, de la vie même après l'exil ; il livrera les hommes aux flammes ou aux verges; d'autres, pour une légère offense, seront décapités ; les deux sexes devront fournir à sa lubricité; et, au milieu des sales troupeaux choisis pour les royales orgies, ce sera peu pour lui de jouer deux rôles à la fois.

« Instruit de ce qui peut t'attirer, de ce qui peut te retenir, embarque-toi, ou garde le rivage. » Après de tels avertissements, si cet homme persistait à dire : « Je veux aller à Syracuse ; » de quel autre pourrait-il légitimement se plaindre que de lui-même, n'étant point tombé là par hasard, mais bien prévenu, sachant où il venait?

De même la nature dit à tous : « Je ne veux tromper personne. Tu me demandes une postérité? Tu pourras l'avoir belle comme tu pourras l'avoir difforme ; et s'il te naît plusieurs rejetons, le sauveur de la patrie peut se trouver du nombre, tout comme celui qui la trahira. Ne désespère pas d'avoir des fils assez honorables un jour pour qu'à leur considération le cri de la haine te respecte ; mais songe aussi que peut-être leurs turpitudes feront de leur nom seul une injure. Il n'est pas impossible que tu reçoives d'eux les derniers devoirs et les éloges de la tombe ; sois prêt pourtant à les déposer sur le bûcher, soit enfants, soit hommes, soit vieillards. Car que font ici les années? point de funérailles qui ne soient prématurées, dès qu'une mère y assiste. Mes conditions te sont connues d'avance; si tu deviens père, tu absous les dieux de tout reproche : ils ne t'ont rien garanti. »

XVIII. Eh bien, appliquons cette similitude à la vie entière et à l'entrée qu'on y fait. Tu délibérais si tu irais voir Syracuse : je t'ai exposé les charmes et les désagréments de l'entreprise. Suppose qu'aux portes de la vie tu me demandes les mêmes conseils : tu vas entrer dans la cité commune des dieux et des mortels, qui embrasse tout, qu'enchaînent des lois fixes, éternelles, qui fait rouler les corps célestes, infatigables dans leurs tâches. Là tu verras d'innombrables étoiles; tu t'émerveilleras qu'un unique soleil inonde de ses feux la nature entière, marque dans son cours quotidien la durée des jours et des nuits, et, dans son cours annuel, les étés, les hivers également partagés. Tu verras l'astre des nuits lui succéder, emprunter aux rayons de son frère une lumière douce et tempérée, tantôt se dérober aux yeux, tantôt dévoiler tout entier son orbe suspendu sur nous, croissant, décroissant tour à tour, et toujours autre le lendemain que la veille. Tu verras cinq planètes suivre des routes diverses et rebrousser le cours qui emporte le reste du ciel. A leurs moindres mouvements est attachée la fortune des peuples; les plus grands comme les plus petits événements s'opèrent selon qu'un astre heureux ou malin est intervenu.[32] Tu admireras l'amoncellement des nuages, l'eau qui retombe en pluie, le vol oblique de la foudre et le fracas des cieux.

Quand, rassasiés de ces hauts spectacles, tes yeux s'abaisseront sur la terre, un ordre de choses différent t'étalera d'autres merveilles. De vastes plaines qui se prolongent dans des lointains infinis; de grandes chaînes de montagnes dressant leurs crêtes neigeuses jusque dans les nues; des rivières qui tombent en cascades ; des fleuves coulant d'une même source les uns à l'orient, les autres à l'occident ; et, sur les plus hautes cimes, d'ondoyantes forêts; d'immenses bois avec leurs animaux, avec les chants de leurs oiseaux, concert unique de mille sons divers ; la situation variée des villes, les nations séparées par la difficulté des lieux : celles-ci retirées sur des hauteurs presque inaccessibles, celles-là disséminées le long des fleuves, au bord des lacs, dans les vallées, autour des marais; des champs que le travail féconde, des arbres fertiles sans culture ; des ruisseaux qui serpentent d'un cours paisible à travers les prairies; des golfes riants; des rivages reculant dans les terres pour former des ports, et tant d'îles semées sur les mers où elles apparaissent pour varier le tableau. Et ces pierres, ces perles brillantes ; ces torrents, dont les ondes rapides roulent l'or pêle-mêle avec le sable; ces colonnes de feux qui jaillissent du sein de la terre, du milieu même des mers; et l'Océan qui fait au globe une ceinture, qui partage, avec ses immenses bras, les peuples en trois continents entre lesquels s'agite sa fureur turbulente! Sous ses flots, toujours mobiles sans même que le vent les soulève, tu verras des monstres! énormes surpasser en grosseur tous les animaux terrestres : les uns, dont la masse pesante se meut sous la direction d'un guide; d'autres, plus prompts que la plus agile galère aidée de la rame; d'autres qui absorbent et vomissent l'onde amère, au grand péril, des navigateurs. Tu verras des vaisseaux aller chercher des terres qu'ils ne connaissent même pas. Tu reconnaîtras qu'il n'est rien que ne tente l'humaine audace, et tu seras à la foi; témoin et laborieuse associée de ces grands efforts; tu apprendras, tu enseigneras des arts qui entretiennent la vie, ou qui l'embellissent ou qui la gouvernent.

Mais là aussi seront mille fléaux du corps et de l'âme : les guerres, les brigandages, les empoisonnements, les naufrages, l'inclémence du ciel et les vices de nos organes, la mort prématurée d'êtres chéris, et la nôtre, peut-être douce, peut-être amenée par la douleur et les tortures. Délibère avec toi-même et pèse bien ta décision; si l'entrée te sourit, tu vois quelle issue te menace. Tu répondras : « Pourquoi ne choisirais-je pas de vivre? Non : tu n'y consens point à cette existence où la moindre perte t'est si cruelle. Remplis donc les clauses du marché. — Mais nous n'avons pas été consultés. — Nos parents l'ont été pour nous : ils savaient les conditions de la vie ; et ils nous l'ont donnée à subir. »

XIX. Mais, pour passer aux motifs de consolation, voyons d'abord quel mal il faut guérir; ensuite, par quels moyens. Ce qui fait l'amertume de nos larmes, c'est qu'il n'est plus là, celui qu'on aimait tant. Mais, en soi, ce regret devrait nous sembler supportable. Eh effet les absents, ou ceux qui vont l'être, tant qu'ils vivent,[33] nous ne les pleurons pas, bien que nous soyons entièrement privés de les voir et de jouir d'eux. Le mal gît donc dans l'opinion, et nos souffrances ont pour mesure le tarif que nous leur fixons. Le remède est en notre puissance! regardons les morts comme absents, et ce ne sera pas nous abuser : nous les avons laissés partir, que dis-je? envoyés devant pour les suivre.[34]

Mais voici un autre sujet de larmes : « Qui aurai-je pour me protéger, pour me défendre du mépris? » Écoutez une réflexion bien peu acceptable, mais vraie : dans une ville comme la nôtre, la perte d'enfants donne plus d'influence qu'elle n'en ôte. N'avoir plus d'héritiers détruisait jadis le crédit d'un vieillard; c'est aujourd'hui un si grand titre à la prépondérance qu'on en voit feindre de haïr leurs fils, désavouer[35] leur sang, et créer autour d'eux une solitude factice.

Je sais ce que vous allez dire : « Ce qui me touche ici n'est pas un dommage matériel ; on ne mérite pas d'être consolé, quand on se chagrine de la perte d'un fils comme on ferait de celle d'un esclave, quand on a le cœur de considérer dans ce fils autre chose que lui-même. » Pourquoi donc, Marcia, êtes-vous si vivement affectée? Est-ce parce que le vôtre est mort, ou qu'il n'a pas assez longtemps vécu? Si vous pleurez sa mort, vous l'avez dû pleurer toujours, car toujours vous avez su qu'il mourrait. Persuadez-vous bien que hors de ce monde on n'éprouve plus de mal ; que les effrayants récits qu'on[36] nous fait des enfers sont des fables ; que les morts n'ont à craindre ni ténèbres, ni prisons, ni torrents qui roulent des flammes, ni fleuve d'oubli; plus de tribunaux, plus d'accusés : dans une si large indépendance point de nouveaux tyrans. Ce sont là jeux de poètes qui nous ont agités de vaines terreurs. La mort est le dénouement, la fin de toutes douleurs, la barrière que le malheur ne franchit pas ; elle nous remet dans ce calme profond où nous reposions avant de[37] naître. Qui pleure les morts doit pleurer aussi ceux qui ne sont pas nés. La mort n'est ni un bien ni un mal. Pour qu'une chose soit l'un ou l'autre, il faut qu'elle existe d'une manière quelconque; mais ce qui n'est en soi que néant, ce en quoi tout s'anéantit, ne crée pour nous ni heur ni malheur. L'un comme l'autre supposent quelque élément, une sphère d'action. Le sort ne peut plus retenir ce que la nature congédie, et celui qui n'est pas ne saurait être malheureux. Votre fils a laissé derrière lui les confins de la servitude. Recueilli dans une profonde et éternelle paix, ni la crainte de la pauvreté, ni le souci des richesses, ni la volupté qui mine les âmes par ses fausses douceurs, ne le pressent de leurs aiguillons; il n'éprouve pas l'envie du bonheur des autres, et nul ne le poursuit de la sienne; l'invective ne blesse pas ses modestes oreilles; plus de désastres publics ou privés qui contristent sa prévoyance ; sa pensée inquiète ne s'attache pas à tel événement futur où toujours se rattachent de pires incertitudes. Désormais il habite un séjour d'où rien ne peut le bannir, où rien ne saurait l'effrayer.

XX. Oh! combien s'aveuglent sur leurs misères ceux qui ne bénissent pas la mort comme la plus belle institution de la nature! Soit qu'elle vienne clore une destinée prospère ; soit qu'elle chasse le malheur présent; soit qu'elle éteigne le vieillard ou rassasié ou las de vivre ; soit qu'au printemps de l'âge, durant ses rêves de félicité, elle tranche l'homme en sa fleur; soit qu'elle rappelle l'enfance avant les rudes journées du chemin, la mort qui pour tous est le terme, pour beaucoup le remède, que souhaitent quelques-uns, ne mérite jamais mieux de nous~ que lorsqu'elle n'attend pas qu'on l'invoque. Elle affranchit l'esclave en dépit du maître, dégage le captif de sa chaîne et tire de prison ceux qu'une ombrageuse tyrannie y retenait sans pitié;-elle montre à l'exilé, dont la pensée et les regards sont incessamment tournés vers la patrie, qu'il importe peu près de quelles cendres dormiront les nôtres. Si la Fortune a mal réparti des biens communs à tous; si, de deux êtres nés égaux, elle a livré l'un en propriété à l'autre, la mort rétablit pleinement l'égalité. Chez elle on ne fait rien de par le caprice de personne; chez elle on ne sent point la bassesse de son état ; c'est elle dont la porte[38] est ouverte à tous; c'est elle, ô Marcia! que votre père a tant désirée! Non, grâce à elle, ce n'est plus un supplice d'être né; grâce à elle, les menaces du sort ne m'abattront point ; mon âme sera sauve et gardera la royauté d'elle-même. Je sais où en appeler.[39] Je vois chez les tyrans des croix de plus d'une espèce, variées à leur fantaisie : l'un suspend ses victimes la tête en bas, l'autre les empale; d'autres leur étendent les bras sur une potence. Je vois leurs chevalets, leurs verges sanglantes, et pour chaque membre et chaque articulation autant d'instruments de torture; mais je vois aussi la mort. Plus loin ce sont des ennemis sanguinaires, des citoyens despotes; mais à côté je vois la mort. La servitude n'est plus si fâcheuse quand, dégoûté du maître, on n'a qu'un pas à faire pour se voir libre. Contre les injures de cette vie, j'ai le bienfait de la mort.

Songez combien il est heureux de mourir à propos et à combien d'hommes il en a coûté d'avoir[40] trop vécu! Si Cn. Pompée,[41] l'honneur et la colonne de l'État, eût été enlevé dans Naples par la maladie, il fût mort sans contredit le premier citoyen de la république. Et quelques jours de plus l'ont précipité de ce faîte de gloire! Il a vu, lui présent, ses légions taillées en pièces; et d'une bataille où le sénat formait la première ligne (qu'ils durent gémir, ceux qui restèrent!), le général a survécu. Il a vu le bourreau égyptien; cette tête sacrée pour les vainqueurs, il l'a présentée au vil satellite. Au reste, l'eût-on épargné, qu'il se fût repenti d'avoir la vie sauve : quoi de plus honteux pour Pompée que de vivre par la grâce d'un roi!

Et Cicéron, si alors qu'il sut détourner les poignards de Catilina dirigés à la fois sur lui et sur la république ; si à cette heure il fût mort, libérateur et sauveur de Rome; s'il eût suivi sa fille au tombeau, il eût pu y emporter encore le titre d'heureux. Il n'eût-point vu le couteau levé sur la tête des citoyens, les bourreaux se partageant les biens des victimes qui payaient les frais de leur mise à mort, les dépouilles des consulaires vendues à l'encan, l'État affermant les massacres et les brigandages, tant de guerres, tant de rapines, tant de Catilinas.

Si M. Caton, à son retour de Chypre, où il venait de régler la succession d'un roi,[42] avait été englouti par la mer, même avec les trésors qu'il rapportait, qui allaient solder la guerre civile, n'eût-ce pas été un bonheur pour lui? Il serait mort du moins avec la pensée que nul n'aurait osé commettre le crime devant Caton. Hélas! quelques années de plus ont contraint ce grand homme, né pour faire de tous des hommes libres comme lui, à fuir César et à suivre Pompée.

Disons-le : ce n'est point un malheur pour votre fils d'être mort jeune : le trépas lui a même fait remise de tous maux à venir. — Vous dites « qu'il a péri trop tôt et avant l'âge! » Mais supposons qu'il ait vécu davantage; mesurez la plus longue carrière qui soit donnée à l'homme, que c'est peu! Né pour une si brève durée, pour céder vite la place à d'autres, qui arrivent au même titre, il s'en vient préparer leur gîte. Je parle de la vie humaine qui, on le sait, se déroule avec une incroyable célérité; mais voyez ces villes qui comptent des siècles, et calculez combien peu ont subsisté les plus fières de leur antiquité. Tout ce qui est de l'homme est court et périssable et ne tient aucune place dans l'infini des temps. Ce globe avec ses peuples, ses villes, ses fleuves, l'océan qui l'embrasse n'est pour nous qu'un point, comparé à l'univers : notre existence est moindre qu'un point auprès de l'ensemble des temps, plus vaste que cet univers, puisque, dans l'espace qu'ils lui ouvrent, il revient tant de fois sur lui-même. Qu'importe donc d'étendre une chose, dont le prolongement, quelque loin qu'il aille,[43] n'est guère plus que rien? Il n'est de longue vie que celle qui a suffi à sa tâche. Quand vous me citeriez les Sibylles[44] et les hommes dont la longévité est un souvenir de tradition ; quand vous supputeriez leurs cent, leurs cent dix années; que votre pensée se porte à l'éternité, la différence sera nulle de l'âge le plus court au plus long, si vous comparez l'espace qu'ont vécu ces hommes à tout celui qu'ils n'ont point vécu.

Votre fils d'ailleurs n'est point mort avant le temps : il a vécu autant qu'il a dû vivre ; il ne lui restait plus rien au delà. L'époque de la vieillesse n'est pas la même pour tous les hommes, que dis-je? n'est pas la même pour tous les animaux. En quatorze ans, chez quelques-uns de ceux-ci, la vie est épuisée, et le plus long période pour eux est pour l'homme le premier. Rien de plus inégal que la mesure des destinées; nul ne meurt trop tôt, dès qu'il n'était pas créé pour vivre plus. Le terme à chacun est fixé : il restera toujours au même point; il n'est soins ni faveur qui puissent le reculer ; et pour le reculer, votre fils n'eût pas voulu se tourmenter de soins et de calculs. Il a eu sa part.[45]

.... Et de sa course il a touché le but.[46]

Rejetez donc l'accablante pensée qu'il eût pu vivre davantage. La trame de ses jours n'a pas été brusquement rompue : c'est chose où le hasard n'intervient jamais; chacun est payé de ce qui lui fut promis. Le destin suit son impulsion propre, et n'ajoute ni ne retranche à ses premiers engagements : nos vœux, nos affections n'y peuvent rien. Chacun aura tout ce qui, le premier jour, lui fut assigné. Au premier moment qu'on voit la lumière, on est entré dans le chemin de la mort, on s'est rapproché du terme fatal; et ces mêmes années dont s'enrichissait la jeunesse, la vie s'en appauvrissait.[47]

Une illusion nous berce et nous fait croire à tous qu'on ne penche vers la tombe que déjà vieux et courbé par les ans, tandis que l'enfance dès l'abord, puis la jeunesse et tous les âges nous y poussent. La fatalité fait son œuvre : elle nous dérobe le sentiment du trépas qui, pour mieux masquer ses approches, se déguise sous le nom d'existence. La première enfance n'est déjà plus au second âge qu'absorbe à son tour la puberté ; de pubère on devient jeune homme; le jeune homme disparaît dans le vieillard. Chaque progrès, à le bien prendre, est une décadence.[48]

XXI. Vous vous plaignez, Marcia, que votre fils n'ait pas joui d'une aussi longue carrière qu'il le pouvait. D'où savez-vous si une carrière plus longue lui eût mieux valu, et si cette mort n'a point été une faveur pour lui? Où sont de nos jours les destinées qui portent sur d'assez fermes, bases pour n'avoir rien à craindre de la marche du temps? Tout passe, tout s'évanouit chez les hommes; et la plus précaire situation, la plus fragile est celle qui nous sourit le plus. Le souhait des heureux devrait donc être de mourir:[49] d'autant que par ces grandes vicissitudes qui bouleversent toutes choses, il n'est de sûr que le passé.[50] Qui vous assurait que cette beauté rare de votre fils, que la sauvegarde d'une sévère pudeur préserva sous les yeux d'une impure cité, eût pu échapper aux maladies et porter inaltérées jusqu'à la vieillesse cette perfection, cette noblesse de traits?

XXII. Songez aux mille souillures de l'âme : car les bons naturels ne tiennent pas tous en vieillissant les heureuses promesses de l'adolescence ; trop souvent ils tournent au mal. Plus tard, et avec plus de honte, la volupté les gagne et les pousse à déshonorer de nobles débuts; ou, de bonne heure voués aux tavernes et à la gloutonnerie, leur affaire essentielle devient leur manger et leur boire. Et les incendies, les chutes d'édifices, les naufrages, le fer déchirant du médecin qui extrait des os de corps vivants, qui plonge ses mains tout entières dans nos entrailles, et opère, avec des souffrances compliquées, sur les plus honteuses parties de nous-mêmes! Ajoutez l'exil : votre fils n'était pas plus innocent que Rutilius; la prison : était-il plus sage que Socrate? le glaive du suicide qui se perce le sein : était-il plus vénérable que Caton? En présence de telles perspectives, avouez que la nature s'est montrée généreuse d'avoir promptement mis en lieu sûr ceux à qui la vie réservait un pareil salaire. Rien de si fallacieux que cette vie, rien de si traître que ses pièges : nul assurément ne l'accepterait, s'il ne la recevait à son insu. Puis donc que le mieux serait de ne pas naître, comptez qu'après cette faveur, la plus grande est de cesser d'être au plus tôt, de rentrer bien vite dans son premier état.[51]

Rappelez-vous cet horrible temps où Séjan livrait votre père à son client Satrius Secundus, comme on donne une gratification de guerre. Le ministre était furieux de quelques mots hardis de Cremutius, qui n'avait pu s'empêcher de dire : *On ne place pas Séja n sur nos têtes; il y monte.* Un décret plaçait la statue de cet homme au théâtre de Pompée qu'avaient consumé les flammes, et que Tibère rebâtissait. Votre père s'écria : *Pour le coup ce théâtre est vraiment perdu.* Eh! qui n'éclaterait de voir sur la cendre de Pompée ériger un Séjan, sur le monument du grand capitaine consacrer un soldat sans foi! Il est consacré, on y lit son nom; et ces chiens dévorants, apprivoisés pour le maître seul, terribles pour tout autre, et qu'il engraissait de sang humain, s'en viennent aboyer par son ordre autour de votre père. Que faire? S'il voulait vivre, il fallait implorer Séjan; mourir, il fallait l'obtenir de vous, sa fille : tous deux sont inflexibles; son choix est fait : il trompera sa fille. Ayant donc pris un bain qui l'affaiblît le plus possible, il se retire dans sa chambre sous prétexte d'y faire une collation; et renvoyant ses esclaves, il jette par la fenêtre quelques débris de mets pour faire croire qu'il a mangé ; ensuite il s'abstient de souper comme s'il eût déjà pris assez de nourriture. Le second, le troisième jour, il fait de même : le quatrième jour son état de faiblesse le trahit. Alors vous serrant dans ses bras : « Ma chère fille, apprends la seule chose que je t'aie jamais cachée : tu me vois en chemin de mourir, et le passage est presque à demi franchi. Ne me rappelle pas à la vie : tu ne le dois ni le peux. » Puis il ordonne qu'on ferme tout accès à la lumière, et s'ensevelit dans les ténèbres. Sa résolution, connue, ce fut une joie publique de voir la voracité de ces loups insatiables frustrée de sa proie. Les accusateurs, à l'instigation de. Séjan, portent plainte au tribunal des consuls de ce que Gremutius Cordus se laisse mourir; ils s'y opposent, eux qui l'y ont contraint, tant ils craignent qu'il ne leur échappe. La question était importante : un accusé a-t-il le droit de se laisser mourir? Pendant qu'on délibère, que les accusateurs reviennent à la charge, il s'était mis, lui, hors de cause.

Vous voyez, Marcia, quelles crises imprévues fondent sur nous dans ces jours d'iniquité. La mort, dont vous gémissez que le fils ait subi la nécessité, fut presque interdite à l'aïeul.

XXIII. Outre que tout avenir est douteux, que les mauvaises chances y sont plus certaines, la route du ciel est plus facile aux âmes retirées de bonne heure du commerce des humains ; car elles traînent après elles moins de fange et de fardeaux : affranchies avant d'être souillées,[52] d'être absorbées par les intérêts d'ici-bas, elles revolent plus légères au lieu de leur origine, et se dégagent plus vite de ce qu'elles contractèrent d'impur et de grossier. Aussi ce séjour du corps n'est-il jamais cher aux grandes âmes ; elles brûlent de sortir et de se faire jour ; elles se sentent à la gêne dans leur étroite prison, accoutumées qu'elles sont à parcourir des régions plus sublimes, et à regarder d'en haut les choses de la terre. Voilà pourquoi Platon s'écrie que l'âme tout entière du sage aspire à la mort; que[53] c'est là ce qu'elle veut, ce qu'elle médite ; que c'est la passion qui incessamment l'entraîne et la pousse hors de ce monde. Eh quoi! Marcia, en voyant dans votre jeune fils déjà la prudence d'un vieillard, une âme victorieuse des voluptés, purifiée, vierge de tout vice, cherchant la fortune sans cupidité, les honneurs sans ambition, les plaisirs sans excès, vous flattiez-vous de le conserver longtemps? C'est au sommet de la perfection[54]Q¶ que la catastrophe est imminente. Une vertu achevée disparaît bientôt et se dérobe aux yeux mortels; et ce qui mûrit de bonne heure n'attend pas l'arrière-saison. Plus un feu a jeté d'éclat, plus il est prompt à s'éteindre; il est vivace, lorsque luttant contre des matières lentes et difficiles à s'enflammer, sa lueur, que noyait la fumée, sort comme d'un nuage : la même cause qui lui dispute l'aliment fait qu'il dure. Ainsi les esprits qui brillent le plus passent le plus vite ; car dès que la place manque au progrès, on touche à la chute. Fabianus cite un phénomène que nos pères ont vu à Rome, un enfant grand comme un homme de haute taille ; mais il ne vécut guère, et toute personne sensée avait prédit qu'il mourrait tôt. Pouvait-il, en effet, parvenir à un âge dont la nature lui avait fait l'avance? Oui, la maturité est l'indice d'une décomposition imminente; la fin est proche, quand les phases d'accroissement sont épuisées.

XXIV. Croyez-moi, comptez les vertus, non les années de votre fils,[55] il aura bien assez vécu. Demeuré orphelin, il fut sous la surveillance de ses tuteurs jusqu'à sa quatorzième année, et sous la vôtre toute sa vie, Bien qu'il eût une maison à lui, il ne voulut pas quitter le toit maternel. Lui qui par son âge, sa taille, sa noble figure et l'ensemble d'une constitution forte était fait pour les camps, il refusa la carrière des armes pour ne pas se séparer de vous.

Calculez, Marcia, combien de mères voient rarement[56]Q¶ leurs enfants, dès qu'elles habitent d'autres demeures qu'eux ; songez que d'années perdues pour elles et passées dans l'anxiété tant qu'elles ont leurs fils aux armées, et voyez quel long espace dé temps dont vous n'avez rien perdu! Jamais votre fils ne s'est éloigné de vos yeux ; c'est sous vos yeux que l'étude a formé cet esprit supérieur fait pour égaler son aïeul, s'il n'eût été retenu par la modestie, qui, trop souvent imposa aux progrès du génie le frein du silence Jeune, et d'une beauté peu commune, parmi cette multitude de femmes qui s'étudient à corrompre les hommes, il ne se prêta aux espérances d'aucune; et l'impudeur de quelques-unes ayant été jusqu'à lui faire des avances, il rougit,[57]comme d'une faute d'avoir plu. Cette pureté de mœurs le fit, à peine adolescent, juger digne du sacerdoce : le suffrage maternel l'appuyait sans doute ; mais le crédit même de sa mère ne devait prévaloir que pour un candidat méritant.

Faites-le revivre en vous par la contemplation de ses vertus, qu'il vous semble à présent plus que jamais à vous; il n'a plus rien qui le distraie de sa mère ; désormais plus de sollicitudes ni de chagrins à cause de lui. Tout ce que vous pouviez pleurer d'un si bon fils, vous l'avez pleuré ; le reste est à l'abri du sort et pour vous plein de charmes, si vous savez jouir de ce fils, si ce qu'il y eut en lui de plus précieux est bien compris par vous. Son image seule a péri, et son image peu ressemblante; lui, maintenant immortel, en possession d'un état meilleur, débarrassé de fardeaux étrangers, il est tout à lui-même. Ces os, que vous voyez entourés de muscles, cette peau qui les recouvre, ce visage, ces mains, ministres du corps, et enfin toute l'enveloppe humaine, ne sont qu'entraves pour l'âme et que ténèbres. Elles accablent l'esprit, elles l'offusquent, le souillent et, le détournant du vrai, son domaine, le plongent dans le faux : toutes ses luttes sont contre cette[58] chair qui lui pèse, qui tend à l'enchaîner et à l'abattre. Il veut s'élancer aux régions d'où il est sorti, où l'attendent l'éternelle paix et, après le chaos et la nuit, le spectacle de la pure lumière.

XXV. Ce n'est donc pas au tombeau de votre fils qu'il vous faut courir. Là ne gît qu'une grossière dépouille, pour lui si incommode, des cendres, des ossements, qui ne faisaient pas plus partie de Métilius que sa tunique et ses autres vêtements extérieurs. Sans rien perdre ni rien laisser de lui sur cette terre, il a fui, il s'est envolé tout entier : et, après avoir quelque temps séjourné sur nos têtes, le temps de se purifier des vices inhérents à toute vie mortelle et de secouer leur longue souillure, il est monté au plus haut des cieux où il plane entre les âmes fortunées, admis dans la société sainte des Scipions, des Catons, ces grands contempteurs de la vie, que la mort, leur bienfaitrice, est venu affranchir. Là votre père, Marcia, quoique tous soient de la même parenté, s'unit plus intimement encore à son petit-fils ravi d'une clarté nouvelle; il lui développe la marche des astres qui l'avoisinent.et non plus par des conjectures, mais par la science universelle du vrai, il se plaît à l'initier dans les secrets de la nature. Et de même que c'est un charme[59] pour l'étranger de se voir montrer par son hôte les merveilles d'une ville inconnue, c'en est un pour votre fils d'interroger sur les phénomènes célestes un interprète de famille. Ils aiment encore à abaisser leur regard sur cette terre lointaine : ils prennent plaisir à contempler du haut de leur gloire ce qu'ils[60] ont quitté. Dans toutes vos actions, Marcia, songez que vous êtes sous les yeux d'un père et d'un fils, non tels que vous les connûtes, mais tels que sont des êtres plus parfaits, des citoyens du ciel ; rougissez de toute pensée basse et vulgaire, et de pleurer leur bienheureuse métamorphose. Libres dans l'éternel espace, et jouissant de l'immensité, rien ne les sépare plus, ni les barrières de l'Océan, ni hautes montagnes, ni profondes vallées, ni syrtes aux sables perfides; toutes leurs voies sont unies; dans leur facile et rapide essor, leurs âmes se pénètrent l'une l'autre et se confondent parmi les astres.

XXVI. Figurez-vous, ô Marcia! entendre du haut des célestes voûtes la voix de ce père qui eut sur vous l'autorité que vous aviez sur votre fils. Ce n'est plus cette amère parole qui déplorait nos guerres civiles, et par laquelle les prescripteurs furent à jamais proscrits dans l'histoire; c'est un langage plus sublime encore, digne du lieu d'où il parle : « Pourquoi, ma fille, t'enchaîner à de si longs ennuis? D'où vient une telle ignorance du vrai, qui te fait croire ton fils iniquement traité, parce qu'il a pris en dégoût la vie et s'est retiré vers ses pères? Ne sais-tu point par quels orages la fortune bouleverse toutes choses ; qu'elle ne prête ses faveurs et son indulgence qu'à ceux qui ont avec elle le moins d'engagements? Te citerai-je ces rois dont le bonheur eût été complet, si la mort fût venue plus tôt les soustraire aux maux qui allaient suivre? Et ces capitaines romains, dont la gloire serait sans ombre[61] si l'on ôtait quelque chose à leurs jours? Et ces héros, ces illustres têtes formées pour le glaive du bourreau militaire? Regarde ton père et ton aïeul, ton aïeul livré à la merci d'un assassin étranger; je n'ai, moi, souffert qu'aucune main touchât à ma personne, et, m'abstenant de toute nourriture, j'ai fait voir combien[62] j'étais fier du courage qui dicta mes écrits. Faut-il que, dans notre famille, celui-là soit le plus longtemps pleuré dont la mort est la plus heureuse? Ici toutes les âmes ne forment qu'une âme ; et nous reconnaissons hors de l'épaisse nuit qui vous environne, que rien chez les hommes n'est, comme ils le pensent, ni désirable, ni élevé, ni magnifique : tout y est bassesse, misère, anxiété; et quelle mince parcelle on y voit de notre lumière! Ajouterai-je qu'ici point d'armées ennemies qui s'entrechoquent avec fureur ; point de flottes qui se brisent les unes contre les autres? Ou n'y prépare, on n'y rêve point le parricide; des tribunaux n'y retentissent point tout le jour de procès: ici rien de caché, la pensée est sans voile, le cœur sans replis, la vie à découvert et sous les regards de tous; nous embrassons l'avenir et le passé des âges. Je bornais ma gloire à tracer les annales d'un siècle, d'un coin retiré du monde, les faits d'une poignée d'hommes : que de siècles maintenant, quelle suite et quel enchaînement de générations dans toute la somme des années je suis maître de contempler! Je puis voir quels empires doivent naître et quels doivent s'écrouler, la chute de cités fameuses, les nouvelles incursions des mers. Car, si tu peux trouver à tes regrets une consolation dans la commune destinée, sache que rien de ce qui est ne doit demeurer en place. Le temps abattra tout, emportera tout avec lui, et se jouera non seulement des hommes, cette portion si chétive de son capricieux empire, mais des lieux, des contrées entières, des grandes divisions du globe, balayera des montagnes, fera plus loin surgir dans les airs des rochers inconnus, absorbera des mers, déplacera le cours des fleuves, et rompant les communications des peuples, dissoudra les sociétés et la grande famille des humains. Ailleurs il engloutira des villes dans des gouffres béants, ou le sol s'ébranlera pour les renverser : de ses flancs s'exhalera la peste; l'inondation couvrira les terres habitées; tout être vivant périra dans le monde submergé; et une vaste conflagration viendra dévorer et réduire en cendres ce qu'auront épargné[63] les eaux. Et lorsque l'heure sera venue où la création doit s'éteindre pour se renouveler, elle-même se brisera par ses propres forces ; les astres heurteront les astres ; toute matière s'embrasera, et tous ces grands luminaires, qui brillent dans un si bel ordre, formeront la flamme d'un seul incendie. Nous aussi, âmes fortunées, qui avons pour lot l'éternité, quand il semblera bon à Dieu de refondre cet univers, dans l'immense écroulement, nous-mêmes, faibles débris de plus, nous rentrerons au sein des éléments primordiaux. Heureux ton fils, ô Marcia! il est déjà initié à ces mystères!

Notes

[1] J'ai rétabli la leçon vulgaire : *nihil impie facere*. Lemaire: *pie*, sens forcé.

[2] Voir Sénèque le père, *Controv.*, l. V. Préface.

[3] ....*Sœvumque arcte complexa dolorem,*
Perfruitur lacrimis et amat pro conjuge luctum. (Luc, *Phars..*, IX, 110.)

Mon deuil me plaît et me doit toujours plaire : Il me tient lieu de celui que je plains.

(Chaulieu, *Sur la mort de Lazare.*)

[4] Voir *Consol. à Polybe*, XXIII, et la lettre XCIX.

Je n'osais dans mes pleurs me noyer à loisir;

Je goûtais en tremblant ce funeste plaisir.

(Racine, *Phèdre.*)

[5] Cet éloge de Marcellus se retrouve en termes presque semblables dans Tacite (*Ann.*, I, II, et Velleius Paterc., II, XCIII).

[6] Voir Tacite, *Ann.*, III.

Et l'ombre du héros, près d'une épouse altière

Semble, se réveillant sous l'airain sépulcral,

S'enorgueillir encor de ce deuil triomphal.

(Chénier, *Tibère.*)

[7] *Quid deceat Drusi matrem, matremque Neronis*
Adspice; quo surgas, adspice, mane toro.

(Ovide, *ad Liv.*)

[8] J'ai préféré la leçon : *Quae enim amentia* à *Quae enim, malum, amentia.* Un mss. : *major amentia.*

[9] Tous les sentiments naturels ont leur pudeur, disait Mme de Staël.

[10] Voir *Consolat. à Polybe*, XXXVII, et la note.

[11] Dès le temps des Scipions, les nobles Romains avaient, attachés à leurs personnes, des philosophes, des poètes, la plupart Grecs, sortes d'instituteurs moraux, de directeurs de conscience. Aréus d'Alexandrie, stoïcien, était en si haute estime auprès d'Auguste, qu'à la prise de cette ville ce prince annonça aux habitants qu'il leur faisait grâce, en considération d'Aréus.

[12] De Drusus.

[13] Voy. *Consolat. à Polybe*, 21 et note

[14] Voir lettre XCIX.

Le temps seul, malgré toi, finira ta tristesse,
Tes larmes tariront;
Et ce que n'aura pu cette grande sagesse,
Quatre mois le feront.
Chasse donc ton chagrin, et, quoi qu'il faille faire,
Songe à le surmonter,
Sans attendre, en pleurant comme un homme vulgaire,
Qu'il te veuille quitter.

(Desmarets de St. Sorlin.)

[15] « Tout tombe à nos côtés; Dieu frappe autour de nous nos proches, nos amis, nos maîtres; et au milieu de tant de têtes et de fortunes abattues, nous demeurons fermes, comme si le coup devait toujours porter à côté de nous, ou que nous eussions jeté icibas des racines éternelles. » (Massillon,*Oraison du Dauphin.*)

[16] Mourir est un tribut qu'on doit aux destinées,
Et leur décret fatal n'a pas prescrit d'années.
On doit sitôt qu'on naît : il faut, sans s'effrayer,
Quand la mort nous assigne, être prêt à payer.

(Rotrou, *Iphig.*)

Et Molière, *Psyché,* acte II, sc. 1. Saint Augustin, sur le Ps. CXXI.

« Tout ce qui doit passer ne peut être grand; ce n'est qu'une décoration de théâtre : la mort finit la scène et la représentation. Chacun dépouille la pompe du personnage et la fiction des titres; et le souverain, comme l'esclave, est rendu à son néant et à sa première bassesse. » (Massillon, *Oraison fun. du Dauphin.*)

[17] *Exceptum auctori*, Gronov., au lieu de : *exemptum auctore.*

[18] Je lis avec Fickert: *quolibet fragile jactatu.*

[19] « Il ne faut pas que l'univers entier s'arme pour l'écraser.

Une vapeur, une goutte d'eau suffit pour le tuer. » Pascal, *Pensées.* Art. I, 6. Voir *Questions naturelles*, VI, II, et la note.

[20] *Nutrimentum quaerens vitiosum*, d'après un mss., au lieu de la leçon vulgaire : *Soli sibi nutrimentum vitiosum.*

[21] Lemaire : *mortem unius quae singulis opus est.* Un mss: *singulius*, d'où je tire : *quae singultus opus est*, mieux lié à ce qui précède et à ce qui suit.

[22] Ainsi saint Augustin, au début de ses *Confessions* : *Homo circumferens mortalitatem suam.*

Latin de la phrase de Sénèque est imitée par Pline : *Flens animal, cœteris imperaturum, et a suppliciis vitam auspicatur, Hist, nat.* VII, I, Voir *Consol. àPolybe* XXIII.

[23] *Omnia tanquam praepropera*, un mss. *Tam propera*, Lemaire.

[24] Voir le mot de Solon: Valer. Max., VII, II, et Montaigne, III, IX. « En vérité, ma fille, il faut songer à ceux qui sont plus malheureux que nous, pour nous faire avaler nos tristes destinées. » (Mme de Sévigné.)

[25] Je ne vois que malheurs qui condamnent les dieux.
(Racine, *Androm.*)

On connaît l'hémistiche de Claudien : *Absolvitque Deos.*

[26] Les mauvais plaisants, au lieu de dire ; « Tel acte s'est fait sous le consulat de César et de Bibulus, » dataient du consulat de Julius et de César.

[27] Je doute fort que cet exemple de Tibère soit cité à propos : il n'en usait ainsi que par insensibilité. Il trouvait Priam heureux d'avoir survécu à tous ses enfants.

[28] Ici Sénèque oublie ce qu'il a dit si bien ailleurs : *Grand homme plutôt qu'homme de bien? Ces deux qualités sont inséparables*, etc. (*De la Colère*, I, XVI.)

[29] Ils suffiront pour consoler leur mère.

Je croirai, les voyant, revoir encor leur père;

Et par ces doux objets mon amour raffermi,

Vous possédant en eux, ne vous perd qu'à demi.

(Longepierre, *Médée*, III, sc. III.)

[30] C'est sur mes déplaisirs que j'ai les yeux ouverts :

Je regarde ce que je perds,

Et ne vois point ce qui me reste.

(Molière, *Psyché*, II, sc. 1.)

[31] *Enéide*, III, 448.

[32] Sénèque croit ici et dans ses traités de *la Providence*, I, et des *Questions naturelles*, II, XXXII, à l'influence des astres sur nos destinées. Il la nie dans sa lettre XCVII.

[33] *Absentes abfuturosque, dum vivent*. Et non : *Absentes enim abfuturos, dam viverent*.

[34] Pensée toute chrétienne qu'on retrouve dans la *Consol. à Polybe* et lettre XCIX, et dans le comique grec Antiphane : » Bientôt nous les rejoindrons au même rendez-vous, pour y vivre en commun d'une autre vie. »

[35] Voir *Constance du sage*, 6, et la note.

[36] Voir *Lettres* 24 et 81. Ovide, *Métam.*, XV, 3. Juvén., *Sat.* II. Pline *Hist.* VII, 66.

[37] Voir *Consol. à Polybe*, XXVII; lettres XXIV, LIV, LXXVII, et dans la tragédie de Sénèque, *les Troyennes* :

Rien n'est après la mort, la mort même n'est rien.

Que devient l'homme en cessant d'être?

Ce qu'il était avant de naître.

Post mortem nihil est, ipsaque mors nihil.
Quaeris quo jaceas post obitum loco?
Quo non nata jacent.

Une heure après la mort notre âme évanouie

Devient ce qu'elle était une heure avant la vie.

(Cyrano, *Agrippine.*)

Du reste Sénèque se donne un magnifique démenti quelques pages plus loin, chap. XXIV et XXV.

[38] La leçon vulgaire est : *nulli paruit*, répétition affaiblie de ce qui précède; j'ai préféré, avec Fickert, celle de trois mss. : *nulli non patuit.*

[39] *Quod appellem*, mss. Fickert. Lemaire : *quo appellam.*

[40] Et combien de héros glorieux, magnanimes,

Ont vécu trop d'un jour. (J. B. Rousseau)

[41] Ces mêmes réflexions sur Pompée ont été faites par Cic., *Tusc.*, *t*, XXXV; Florus, IV; Vell. Paterc, II, XLVIII; Lucain, VIII, 27. Comparez Tacite : *Non vidit Agricola....* Juvénal, Sat. X. Virgile : *Felix morte tua, neque in hunc servata dolorem!* et Sévigné, sur la mort de Turenne, lettre du 6 août 1675.

[42] Ptolémée, qui avait fait le peuple romain son héritier.

[43] « Qu'il y a eu de temps où je n'étais pas! Qu'il y en aura où je ne serai point! Et que j'occupe peu de place dans ce grand abîme des ans! ». (Bossuet, *Sermon sur la mort.*) « Que si le temps comparé au temps, la mesure à la mesure, et le terme au terme, se réduit à rien; que sera-ce si l'on compare le temps à l'éternité où il n'y a ni mesure ni terme? Comptons donc comme très court, chrétiens, ou plutôt comptons comme un pur néant tout ce qui finit, puisqu'enfin, quand on aurait multiplié les années au delà de tous les nombres connus, visiblement ce ne sera rien quand nous serons arrivés au terme fatal. » (Id. *Orais. fun.* de Le Tellier.)

[44] Je lis avec J. Lipse et deux mss.: *vates*, Lemaire : *vaces.*

[45] Le texte ici est tellement corrompu, qu'à partir de *promovebit* jusqu'à *Tuli suum*, il n'offre aucun sens. Le voici : *Scit libenter illum ulteriusdiligentiam ex consilio perdidisse.* J. Lipse proposait : *promovebis, si libeat* : *nec illum interius. diligentia perduces* ou *reduces.* Je propose, en changeant bien moins : *nec libenter illum ulterius diligentia et consilio pertulisset*, et j'ai traduit en conséquence.

[46] *Énéide*, X, vers 472.

[47] « Tout ce que vous vivez, vous le desrobez à la vie. »

(Montaigne, I, 19.)

Prima quae vitam dedit, hora carpsit. (*Herc. fur.* Acte III) *Nascentes morimur, finisque ab origine pendet.* (*Manilius.*) Chaque pas dans la vie est un pas vers la mort. (Corneille.)

[48] Voir la lettre LVIII; et Montaigne, I, XIX. » Le continuel ouvrage de vostre vie, c'est bastir la mort. » « La vie de l'homme s'élève comme une petite tour dont la mort est le couronnement. » (Bern. de Saint-Pierre, *Paul et Virgin.*)

[49] Voir *Consol. à Polybe.*, XXIX. *Dum vita grata est, mortis conditio optima.* (P. Syrus. Voir Cic., *Tusc*, I, XLVI.)

Quand tous les biens que l'homme envie
A son gré semblent accourir,
Que de la fortune asservie,
Il n'a plus rien à conquérir,
C'est alors qu'on aime la vie....
C'est alors qu'il faudrait mourir. (Lebrun, *Odes.*)

[50] *Et solum hoc ducas, quod fuit, esse tuum.* (Martial, I, 16.)

[51] « J'ai reconnu que le mort est plus heureux que le vivant, mais que le plus heureux encore est celui qui n'est jamais venu au monde. » *Ecclésiast.*, IV, 3. Voy. Cic., *Tusc.*, I, XLVIII; Pline l'anc, VII, 1. Sophocle, *Œdipe Col.* C'est cette réflexion qui, développée au cabaret entre Chapelle et La Fontaine, leur inspira l'envie de s'aller noyer. On sait comment le bon sens de Molière mit fin à leur projet.

[52] Voir lettre XCIX. *Raptus est; properavit educere illum de medio iniquitatum.* (*Sapient.*, IV, 14).

[53] « *Cupio dissolvi et esse cum Christo.* » Saint Paul, *ad Philip.*, I, 23.

[54] *Summisque negatum*
Stare diu. (Lucain, I, 70)

Voir Quintilien, VI. *Préface.*

Immodicis brevis est estas, et rara senectus. (Martial, VI, 9)

Au moment de jouir des labeurs de leur vie
Quand ils ont *subjugué* l'œil même de l'Envie,
Serpent qui s'entrelace à tout ce qui grandit,
Je ne sais de nos jours quelles fatales causes

Font tomber à la fois les hommes et les choses,
Et remonter au ciel tout ce qui resplendit. (Reboul.)

[55] *Dum numerat palmas, credidit esse senem.* (Martial, X, 53.)

Le printemps et l'automne en lui n'eurent qu'un cours;
Et ses fruits étant mûrs dès la fleur de sa vie,
Il mourut en jeunesse, et mourut plein de jours.

(Lingendes.)

[56] Voy. plus haut, chap. XIX. *Lettre* LXV, et Stobée, *Serm.* 106.

[57] *Quaque aliae gaudere solent, ego rustica dote*

Corporis erubui, crimenque placere putavi.

(Ovide, *Métam.*, V, 18.)

[58] *Caro*, mot évangélique qui se trouve encore lettres LXV, LXXIV, LXXV. « *Caro autem concupiscit adversus spiritum : haec sibi invicemadversantur.* » (*Ad Galat.*, v, 17.) L'emploi de ce mot dont on a voulu conclure que Sénèque l'avait emprunté aux livres saints, se trouve fréquemment pour celui de *corps* dans les fragments d'Épicure et de Métrodore. Aristarque dit qu'on en usait souvent comme d'un synonyme de corps. (Scol. d'Aristophane, *Grenouill.*, V, CXXXI.)

[59] Je lis *monstrr.tor*, mss. Fickert, et non *monstratas.*

[60] Voir Bernardin de Saint-Pierre, *Harmon.*, fin du IXe livre : « Il quitte un monde de ténèbres.... et du haut du ciel il jette un regard triomphant vers la terre, où. l'on pleure et où il n'est plus. » Tout le morceau semble inspiré de Sénèque, comme aussi ce passage de *Paul et Virginie* : « Ah! si du séjour des anges elle pouvait se communiquer à vous, elle vous dirait....

[61] Si le vainqueur du Nil fût du char descendu
A l'âge du vainqueur d'Arbelle,
Oh! que sa mort eût été belle!
Oh! quel trépas il a perdu! (Lebrun, *Odes.*)

[62] *Juvaret*, mss. Lemaire : *juvat.*

[63] Selon les stoïciens, le monde devait finir par embrasement. (Voir Lucain, I, v, 72; Ovide, *Met.*, XV; saint Paul, *ad Hebr.*, II, 10.)

ISBN : 978-1548115302

Printed in France by Amazon
Brétigny-sur-Orge, FR

14857911R00030